山西珍贵文物档案

4

山西博物院综合卷

山西省文物局 编

科学出版社
北京

图书在版编目（CIP）数据

山西珍贵文物档案. 4 / 山西省文物局编. —北京：科学出版社，2018.10
ISBN 978-7-03-058760-2

Ⅰ. ①山… Ⅱ. ①山… Ⅲ. ①文物–介绍–山西 Ⅳ. ①K872.25

中国版本图书馆CIP数据核字（2018）第206522号

责任编辑：张亚娜　樊　鑫／责任校对：邹慧卿
责任印制：肖　兴／书籍设计：李猛工作室

科学出版社 出版

北京东黄城根北街16号
邮政编码：100717
http://www.sciencep.com

北京华联印刷有限公司 印刷

科学出版社发行　各地新华书店经销

*

2018年10月第　一　版　开本：889×1194　1/16
2018年10月第一次印刷　印张：16
字数：130 000

定价：300.00元

（如有印装质量问题，我社负责调换）

《山西珍贵文物档案》编辑委员会

凡 例

1．《山西珍贵文物档案》（以下简称《档案》）是山西省境内国家机关、事业单位、国有企业及国有控股企业收藏的珍贵文物档案。内容包括收藏文物目录、文物基础信息及文物图片。

2．《档案》中的文物原则上是以历次经国家文物局、省文物局组织专家认定的珍贵文物，包含已在第一次全国可移动文物普查平台上备案的珍贵文物或在普查后新定级的珍贵文物。信息表中的“级”即为所认定珍贵文物的级别。

3．珍贵文物分类原则上按照国家文物局馆藏分类标准来分类，信息表中以“类”表示。

4．文物的基础信息包括文物名称，国家普查平台登录号，收藏单位，收藏单位原始编号（或辅助账号、发掘号），级别，分类，尺寸，年代，来源，入藏时间等10项内容。

5．文物名称原则是依据第一次全国可移动文物普查定名标准定名，但部分文物的定名保留原始账号的名称。

6．文物单位编号分收藏单位原始编号和国家普查平台登录号，表中“原”为收藏单位原始档案编号，“No”是国家可移动文物普查平台登录号。

7．年代采用中国史学界公认的纪年，古人类和古脊椎动物化石地点使用地质年代，史前文物使用考古学年代、历史文物使用王朝年代，纪年确切的用公元纪年表示，个别判定不清年代的文物用“年代不详”表示。信息中的“代”是指文物本体的年代，各类文物年代按时代早晚顺序排列。

8．信息表中的“源”是指现收藏单位获得文物的来源，“入”是指馆藏文物单位登记入库的时间。

9．文物本体尺寸，依照第一次全国可移动文物普查的标准测量，信息表中的“cm”是指文物本体尺寸，以厘米计量。

《山西珍贵文物档案》编辑委员会

前 言

人类对文物艺术品的收藏由来已久，从私人收藏、欣赏、研究，发展到创办博物馆向公众开放，走过了悠悠数千年的漫长道路。文物藏品是博物馆工作的物质基础，妥善保护和管理博物馆藏品，并在此基础上拓展其用途，使之更好地为公众和社会发展服务，这应当是博物馆以及其他文物收藏单位藏品管理工作的出发点和落脚点。

博物馆藏品管理是伴随着博物馆的出现而“与生俱来”的，世界各国大都经历了对藏品认识的不断深化，不断走向规范化、制度化和科学化的发展过程。中国的博物馆事业与西方国家相比起步较晚，直到21世纪才步入了快速发展的新时期。1982年颁布的《中华人民共和国文物保护法》规定：“历史上各时代重要实物、艺术品、文献、手稿、图书资料、代表性实物等可移动文物，分为珍贵文物和一般文物；珍贵文物分为一级文物、二级文物、三级文物”；“博物馆、图书馆和其他文物收藏单位对收藏的文物，必须区分文物等级，设置藏品档案，建立严格的管理制度，并报主管的文物行政部门备案”。同时，对馆藏文物的调拨、举办展览、科学研究、借用、交换、处置、销售、拍卖、出境和馆藏文物的复制、拍摄、拓印也做出了具体规定；1986年文化部印发《博物馆藏品管理办法》，进一步规定“博物馆对藏品负有科学管理、科学保护、整理研究、公开展出和提供使用（对社会主要是提供展品资料、研究成果）的责任”，要求保管工作必须做到“制度健全、账目清楚、鉴定确切、编目详明、保管妥善、查用方便”。国家法律和规章的出台，使可移动文物的保护管理逐步纳入法制化轨道。

2012年2月，《国家“十二五”文化改革发展规划纲要》明确提出“健全文物普查、登记、建档、认定制度，开展可移动文物普查，编制国家珍贵文物名录”。2012年10月，国务院印发《关于开展第一次全国可移动文物普查的通知》。2013年3月，国家普查领导小组办公室向全国印发了《第一次全国可移动文物普查实施方案》。在国家文物局的具体组织下，各级国家机关、事业单位、国有企业及国有控股企业、人民解放军及武警部队按照统一部署，展开了为时5年的国有文物普查工作，共调查102万个国有单位，普查可移动文物计10815万件/套，其中按照普查统一标准登录文物完整信息的有2661万件/套（实际数量6407万件）。这次普查工作，摸清了我国可移动文物资源的总体情况，新发现一批重要文物，建立起国家文物身份证制度，建设了全国文物资源数据库，为健全国家文物资源管理机制，夯实文物基础工作，全面提升文物保护管理水平奠定了坚实基础。

山西是全国文物大省之一，1919 年设立了山西教育图书博物馆，是创建博物馆较早的省份。新中国成立以后，特别是改革开放和 21 世纪以来，全省博物馆事业得到了快速发展，大量新出土文物、社会征集文物入藏各级国有博物馆和其他文物收藏单位，越来越多的现代化博物馆逐步建成，为馆藏文物的保护、研究、展示、文化传播提供了前所未有的条件和基础。但不容忽视的是，也有许多文物收藏单位，因专业力量薄弱、保藏条件有限，藏品管理存在管理理念落后，管理职责不明，制度规范落实不到位，藏品记录不完备，文物分级管理底数不清，档案缺失等诸多问题，给馆藏文物的依法管理、文物藏品的展示利用、文物安全和责任追究带来很多困难和问题。就山西而言，在“一普”之前，珍贵文物的底数始终不清晰，有记载的鉴定定级工作大致如下：

20 世纪 80 年代以前，全省博物馆数量较少，除几个省市级博物馆自行做过一些鉴定定级工作外，没有开展过全省范围的鉴定定级工作。1987～1989 年，省文物局组织开展了一次全省文物系统馆藏文物的鉴定定级工作，对全省文物收藏单位进行文物建档起到了积极的推动作用，遗憾的是，鉴定结束后未形成文件下发收藏单位。1997～1998 年，国家文物局组织文物鉴定委员会专家对我省的鉴定定级成果进行了一次系统梳理和专业确认，奠定了我省珍贵文物定级的基础和范例。2001～2006 年，我省承担财政部、国家文物局馆藏文物数字化和数据库建设试点任务，对录入数据库的 120 万件文物进行了核查，补充了部分珍贵文物信息资料，编印了《山西馆藏一级文物》图录，上报国家文物局备案。

2012～2016 年开展的第一次全国可移动文物普查，是山西全省范围内开展的规模最大、时间最久、效果最好的可移动文物管理的基础性工作。41316 家在晋国家机关、事业单位、国有企业及国有控股企业都纳入了此次普查范围。核定文物收藏单位 413 家，认定并登录文物数据 653100 多条（件/套），实际文物 320 多万件，其中珍贵文物近 6 万件。

珍贵文物是所有文物藏品中的重中之重。在普查后期开展的数据核查过程中，我们清楚地认识到，我省现有珍贵文物在鉴定定级记录、收藏档案记录、账实是否相符、信息是否完备等方面还存在一些问题，我们有责任按照《中华人民共和国文物保护法》的要求，继续对珍贵文物的收藏情况、鉴定定级情况、信息记录资料、收藏流转情况等做出进一步核对和完善，并及时将文物档案的主要信息公之于众，以提升公共文化服务的能力和水平。

文物承载灿烂文明，传承历史文化，维系民族精神，是老祖宗留给我们的宝贵遗产，是加强社会主义精神文明建设的深厚滋养。保护好、管理好、利用好、传承好历史文物，是新时代社会主义文博工作的重大使命。为了实现这一目标，我省经过认真分析研究，决定在加强管理的基础上，按照现行管理体制，由省级到市县，从一级文物入手，然后二级、三级，逐步整理、编辑出版《山西珍贵文物档案》（以下简称《档案》），同时利用编印《档案》的任务压力，反过来助推藏品日常管理的精细化和藏品档案的建立健全。我们希望这套《档案》能成为全省文物单位依法保护、管理、利用珍贵文物的工具书，同时也能有利于文物信息的社会共享，起到公共文化服务的积极作用。

编辑出版文物档案，没有先例可循，我们只是因着粗浅的认识和责任担当意识抛砖引玉，为全国同行探路试水，因此缺点和错误定所难免。真诚希望国家文物局和专家学者批评指正，使我们在今后的工作中不断改进。

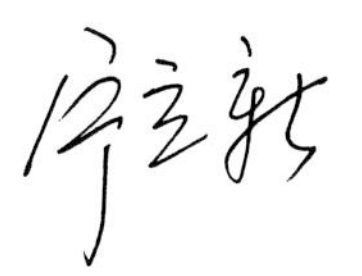

目 录

新石器时代 仰韶文化弧腹回旋圆圈纹彩陶盆

No 14010921800016000963O4

藏 山西博物院

原 S.7237

级 一级

类 陶器

代 新石器时代

cm 高 25，口径 31，底径 13

源 1977 年山西省方山县峪口镇采集

入 2004 年

新石器时代 仰韶文化弧腹回旋圆圈纹彩陶盆

No 1401092180001600064054

藏 山西博物院

原 54.3.10

级 一级

类 陶器

代 新石器时代

cm 高 20，口径 33.5，底径 12

源 1931 年山西省万泉县（今万荣县）荆村出土

入 1954 年

新石器时代 仰韶文化花瓣纹彩陶罐

No 1401092180001600065438
藏 山西博物院
原 63.E.2
级 一级
类 陶器
代 新石器时代
cm 高 21，口径 15，底径 10
源 1957 年山西省垣曲县下马村出土
入 1963 年

新石器时代 仰韶文化弧腹回旋圆圈纹彩陶盆

No 1401092180001600076563

藏 山西博物院

原 63.E.3

级 一级

类 陶器

代 新石器时代

cm 高 18，口径 26，底径 10.5

源 1957 年山西省垣曲县下马村出土

入 1963 年

新石器时代 仰韶文化双系葫芦口彩陶瓶

No 14010921800016000098668

藏 山西博物院

原 63.E.5

级 一级

类 陶器

代 新石器时代

cm 高 36，口径 3，底径 12

源 1957 年山西省垣曲县下马村出土

入 1963 年

新石器时代 红彩斜方格纹陶罐

No 1401092180001600136954

藏 山西博物院

原 60.E.343

级 一级

类 陶器

代 新石器时代

cm 高 57.2，口径 22.3，底径 18.8

源 1954 年山西省太原市义井村出土

入 1960 年

新石器时代 龙山文化灰陶高足鬲

No 14010921800001600136554

藏 山西博物院

原 54.3.9

级 一级

类 陶器

代 新石器时代

cm 高 28，口径 23.2

源 1931 年山西省万泉县（今万荣县）荆村出土

入 1954 年

新石器时代 龙山文化彩绘蟠龙陶盘

No 1401092180001600081934

藏 山西博物院

原 S.7241

级 一级

类 陶器

代 新石器时代

cm 直径 37，高 7

源 1980 年山西省襄汾县陶寺遗址出土

入 2004 年

新石器时代 仰韶文化单孔陶埙

No 1401092180001600064297
藏 山西博物院
原 54.3.416
级 一级
类 乐器、法器
代 新石器时代
cm 通长 7.9，径 0.8
源 1931 年山西省万泉县（今万荣县）荆村出土
入 1954 年

新石器时代 仰韶文化双孔陶埙

No 1401092180001600064765
藏 山西博物院
原 54.3.417
级 一级
类 乐器、法器
代 新石器时代
cm 长 5.2，径 2
源 1931 年山西省万泉县（今万荣县）荆村出土
入 1954 年

新石器时代 仰韶文化三孔陶埙

No 1401092180001600064763

藏 山西博物院

原 54.3.418

级 一级

类 乐器、法器

代 新石器时代

cm 直径 4

源 1931 年山西省万泉县（今万荣县）荆村出土

入 1954 年

新石器时代 龙山文化三孔陶埙

No 1401092180001600104205

藏 山西博物院

原 并 0091

级 一级

类 乐器、法器

代 新石器时代

cm 直径 5

源 1956 年山西省太原市义井村出土

入 1956 年

新石器时代 龙山文化灰陶土鼓

No 1401092180001600082281
藏 山西博物院
原 S.7242
级 一级
类 乐器、法器
代 新石器时代
cm 高 68，口径 20
源 1980 年山西省襄汾县陶寺遗址出土
入 2004 年

夏 灰陶绳纹甗

No 14010921800016100028435

藏 山西博物院

原 59.B.277

级 一级

类 陶器

代 夏

cm 高 22.8，口径 16

源 1954 年山西省太原市东太堡出土

入 1959 年

夏 绳纹出戟三足陶鼎

No 140109218000161002842

藏 山西博物院

原 59.B.294

级 一级

类 陶器

代 夏

cm 通高 16.5，口径 20

源 1958 年山西省太原市许坦村出土

入 1959 年

夏 彩绘几何纹双系红陶壶

No 1401092180001600088857
藏 山西博物院
原 S.7239
级 一级
类 陶器
代 夏
cm 高 26，口径 11.2，底径 10
源 1980 年山西省太谷县白燕遗址出土
入 2004 年

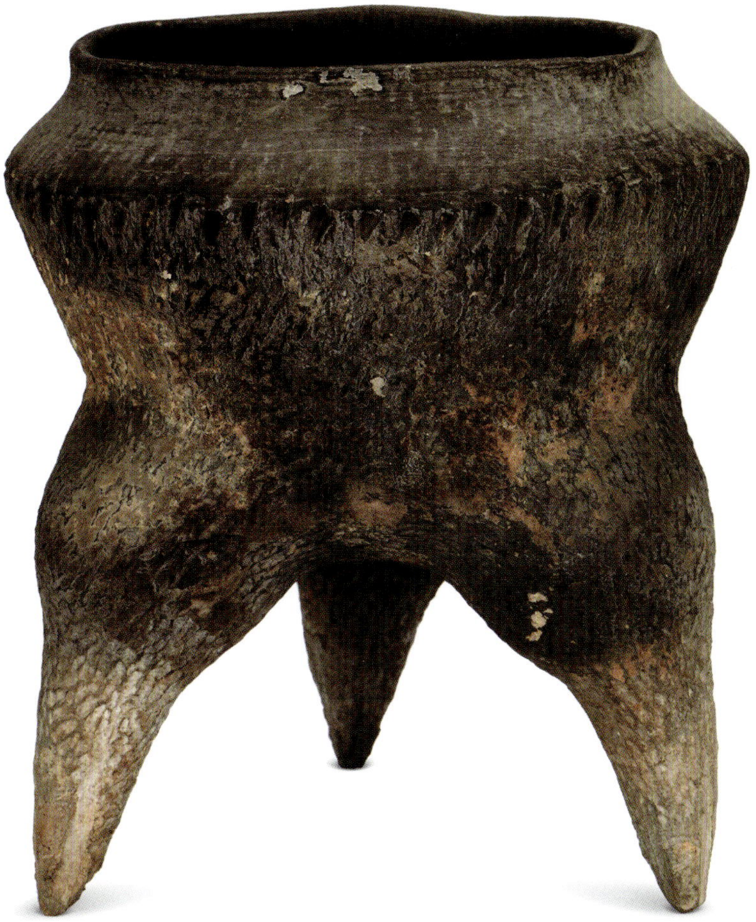

夏 灰陶釜形斝

No 1401092180001600119935

藏 山西博物院

原 S.7240

级 一级

类 陶器

代 夏

cm 高 20，口径 12.7

源 1975 年山西省太原市狄村出土

入 2004 年

春秋 蟠螭纹钟鼓陶模

No 14010921800016001504З1

藏 山西博物院

原 S.4362

级 一级

类 陶器

代 春秋

cm 长 14.2，宽 10.3，厚 2.4

源 1960 年山西省侯马铸铜遗址出土

入 2002 年

春秋 凤纹钟舞陶模

No 14010921800016001500436

藏 山西博物院

原 S.4363

级 一级

类 陶器

代 春秋

cm 长 36.5，宽 20，厚 4.8

源 1960 年山西省侯马铸铜遗址出土

入 2002 年

春秋 匕陶范

No 14010921800016000002306

藏 山西博物院

原 S.6044

级 一级

类 陶器

代 春秋

cm 长 16.8，宽 5，厚 2.8

源 1960 年山西省侯马铸铜遗址出土

入 2012 年

春秋 铺首陶范

No 14010921800016001504270

藏 山西博物院

原 S.4364

级 一级

类 陶器

代 春秋

cm 长 8.9，宽 8.2，厚 3.9

源 1960 年山西省侯马铸铜遗址出土

入 2002 年

春秋 车軎陶范

- No 1401092180001610022182
- 藏 山西博物院
- 原 S.1108
- 级 一级
- 类 陶器
- 代 春秋
- cm 高 9、径 9.5
- 源 1960 年山西省侯马铸铜遗址出土
- 入 1974 年

春秋 鼎足陶范

- No 1401092180001610022181
- 藏 山西博物院
- 原 S.1109
- 级 一级
- 类 陶器
- 代 春秋
- cm 高 13.5，宽 8.6，厚 4.5
- 源 1960 年山西省侯马铸铜遗址出土
- 入 1974 年

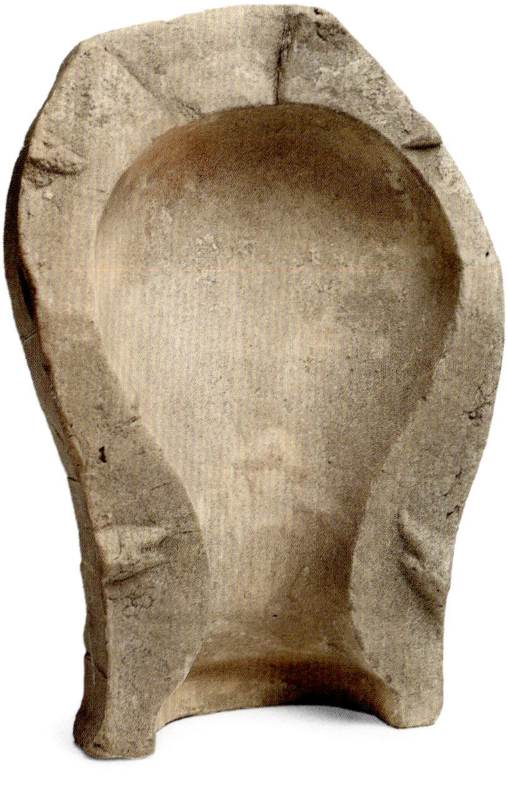

春秋 鼎耳陶范

No 14010921800016 10022180

藏 山西博物院

原 S.1110

级 一级

类 陶器

代 春秋

cm 长 15.5，宽 12，厚 6.8

源 1960 年山西省侯马铸铜遗址出土

入 1974 年

春秋 虎形陶范

No 1401092180001610022179

藏 山西博物院

原 S.1114

级 一级

类 陶器

代 春秋

cm 长 18.5，宽 7，厚 6.6

源 1960 年山西省侯马铸铜遗址出土

入 1974 年

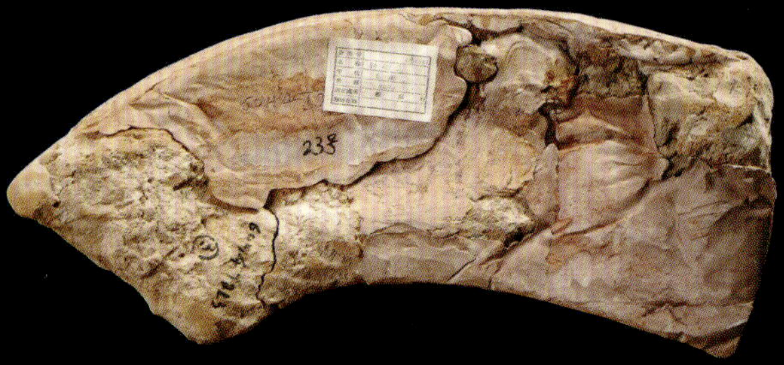

春秋 羽翎陶范

No 1401092180001610022177

藏 山西博物院

原 S.1145

级 一级

类 陶器

代 春秋

cm 长 48，宽 19，厚 4

源 1960 年山西省侯马铸铜遗址出土

入 1974 年

春秋 当卢陶范

- No 1401092180001610022060
- 藏 山西博物院
- 原 S.1802
- 级 一级
- 类 陶器
- 代 春秋
- cm 长 10，宽 8.3，厚 2
- 源 1960 年山西省侯马铸铜遗址出土
- 入 1974 年

东周 蟠虺纹耳杯陶范

No 1401092180001600111229

藏 山西博物院

原 S.6035

级 一级

类 陶器

代 东周

cm 长 25，宽 19.2，高 15.3

源 1960 年山西省侯马铸铜遗址出土

入 2012 年

东周 跽坐人陶范

No 1401092180001600111083
藏 山西博物院
原 S.5990
级 一级
类 陶器
代 东周
cm 长 8.2，宽 6.3，高 11.4
源 1960 年山西省侯马铸铜遗址出土
入 2012 年

东周 风纹钟鼓陶模

No 14010921800016001112 20

藏 山西博物院

原 S.5912

级 一级

类 陶器

代 东周

cm 长 31.8，宽 26，厚 6.2

源 1960 年山西省侯马铸铜遗址出土

入 2012 年

东周 兽面纹钟鼓陶模

- No 140109218000160011219
- 藏 山西博物院
- 原 S.5913
- 级 一级
- 类 陶器
- 代 东周
- cm 长 15.9，宽 8.6，厚 1.2
- 源 1960 年山西省侯马铸铜遗址出土
- 入 2012 年

东周 贝纹车軎陶范

No 1401092180001600111088

藏 山西博物院

原 S.6037

级 一级

类 陶器

代 东周

cm 高 9.5，径 10.6

源 1960 年山西省侯马铸铜遗址出土

入 2012 年

东周 斜角云纹圈带陶模

No 1401092180001600111187

藏 山西博物院

原 S.5935

级 一级

类 陶器

代 东周

cm 长 36.8，宽 10.2，厚 3.5

源 1960 年山西省侯马铸铜遗址出土

入 2012 年

东周 鹰首陶模

- No 14010921800016001112411
- 藏 山西博物院
- 原 S.5921
- 级 一级
- 类 陶器
- 代 东周
- cm 高 6，宽 4，厚 2.7
- 源 1960 年山西省侯马铸铜遗址出土
- 入 2012 年

东周 铜镜陶范

No 1401092180001600111078
藏 山西博物院
原 S.6047
级 一级
类 陶器
代 东周
cm 径 14，厚 1.6
源 1960 年山西省侯马铸铜遗址出土
入 2012 年

东周 卷云纹镬形陶范

No 140109218000160011117

藏 山西博物院

原 S.6038

级 一级

类 陶器

代 东周

cm 高 20.2，长 6.8，宽 6.6

源 1960 年山西省侯马铸铜遗址出土

入 2012 年

东周 兽面纹钟体陶范

No 14010921800016001111190
藏 山西博物院
原 S.5981
级 一级
类 陶器
代 东周
cm 长 16.3，宽 15.8，厚 6.7
源 1960 年山西省侯马铸铜遗址出土
入 2012 年

东周 虎搏鹰戈陶范

No 14010921800016001111182
藏 山西博物院
原 S.6041
级 一级
类 陶器
代 东周
cm 长 17，宽 11.5，厚 2.8
源 1960 年山西省侯马铸铜遗址出土
入 2012 年

东周 翼形镞陶范

No 140109218000160011122 3

藏 山西博物院

原 S.6046

级 一级

类 陶器

代 东周

cm 长 22.9，宽 10.4，厚 5

源 1960 年山西省侯马铸铜遗址出土

入 2012 年

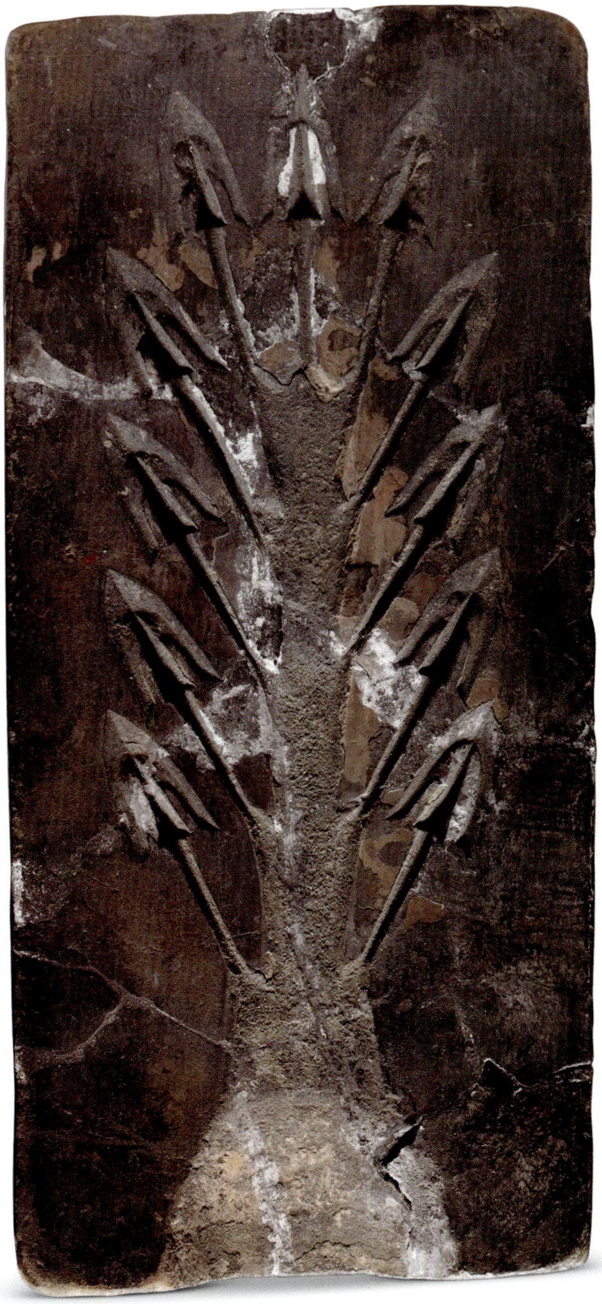

东周 举手人形陶范

- No 14010921800016001111140
- 藏 山西博物院
- 原 S.5992
- 级 一级
- 类 陶器
- 代 东周
- cm 长 8.7，宽 7.3，厚 3.5
- 源 1960 年山西省侯马铸铜遗址出土
- 入 2012 年

东汉 绿釉狩猎纹陶壶

No 1401092180001600136790
藏 山西博物院
原 南 2580
级 一级
类 陶器
代 东汉
cm 高 49.5，口径 22，底径 25
源 1959 年山西省平陆县枣园村出土
入 1959 年

北齐 彩绘骑马武士陶俑

No 14010921800016100 21527

藏 山西博物院

原 S.5531

级 一级

类 雕塑、造像

代 北齐

cm 高 30.7、长 25.2、宽 11.6

源 1981 年山西省太原市王郭村娄睿墓出土

入 2008 年

北齐 红陶牛

No 14010921800016100215 15

藏 山西博物院

原 S.5552

级 一级

类 雕塑、造像

代 北齐

cm 高 25，长 30，宽 15

源 1981 年山西省太原市王郭村娄睿墓出土

入 2008 年

隋 彩绘红陶骑马俑

No 14010921800016000886888

藏 山西博物院

原 S.7244

级 一级

类 雕塑、造像

代 隋

cm 高 29.5，长 24.5，宽 11.4

源 1980 年山西省太原市沙沟村斛律彻墓出土

入 2004 年

隋 彩绘骑驼俑

No 1401092180001600119934
藏 山西博物院
原 S.7098
级 一级
类 雕塑、造像
代 隋
cm 高 47，长 31，宽 21
源 1980 年山西省太原市沙沟村斛律彻墓出土
入 2014 年

唐 三彩贴塑花卉瓶

No 14010921800016001366 35

藏 山西博物院

原 并 1166

级 一级

类 陶器

代 唐

cm 高 24.2、口径 7.7、底径 8.8

源 1958 年山西省太原市金胜村出土

入 1958 年

金 陶塑二十四孝之舜耕历山

No 14010921800016000065290

藏 山西博物院

原 S.5760

级 一级

类 雕塑、造像

代 金

cm 高 23.5，长 19.5，宽 4.5

源 1978 年山西省稷山县马村 4 号墓出土

入 2012 年

金 陶塑二十四孝之闵损单衣顺母

No 1401092180001600065084

藏 山西博物院

原 S.5761

级 一级

类 雕塑、造像

代 金

cm 高 25，长 21.5，宽 5

源 1978 年山西省稷山县马村 4 号墓出土

入 2012 年

金 陶塑二十四孝之郯子鹿乳奉亲

No 1401092180001600065019
藏 山西博物院
原 S.5762
级 一级
类 雕塑、造像
代 金
cm 高 26.5，长 26.5，宽 5.5
源 1978 年山西省稷山县马村 4 号墓出土
入 2012 年

金 陶塑二十四孝之曹娥哭江

No 1401092180001600065280

藏 山西博物院

原 S.5763

级 一级

类 雕塑、造像

代 金

cm 高 24.3，长 17.5，宽 7.2

源 1978 年山西省稷山县马村 4 号墓出土

入 2012 年

金 陶塑二十四孝之郭巨埋儿

No 140109218000160006501 0

藏 山西博物院

原 S.5764

级 一级

类 雕塑、造像

代 金

cm 高 24，长 21.5，宽 6

源 1978 山西省稷山县马村 4 号墓出土

入 2012 年

金 陶塑二十四孝之王祥卧冰

No 1401092180001600065008

藏 山西博物院

原 S.5765

级 一级

类 雕塑、造像

代 金

cm 高 24，长 9，宽 7

源 1978 年山西省稷山县马村 4 号墓出土

入 2012 年

金 陶塑二十四孝之刘殷泽中哭堇

No 14010921800016000065086

藏 山西博物院

原 S.5766

级 一级

类 雕塑、造像

代 金

cm 高 24.5，长 24，宽 5

源 1978 年山西省稷山县马村 4 号墓出土

入 2012 年

金 陶塑二十四孝之杨香搤虎

No 1401092180001600065133

藏 山西博物院

原 S.5767

级 一级

类 雕塑、造像

代 金

cm 高 25.5，长 25，宽 5.5

源 1978 年山西省稷山县马村 4 号墓出土

入 2012 年

金 陶塑二十四孝之赵孝宗舍己救弟

No 14010921800016000064827

藏 山西博物院

原 S.5768

级 一级

类 雕塑、造像

代 金

cm 高 22，长 27，宽 5.5

源 1978 年山西省稷山县马村 4 号墓出土

入 2012 年

金 陶塑二十四孝之姜诗出妻

No 1401092180001600065017

藏 山西博物院

原 S.5769

级 一级

类 雕塑、造像

代 金

cm 高 26.5，长 20，宽 6

源 1978 年山西省稷山县马村 4 号墓出土

入 2012 年

金 陶塑二十四孝之鲁义姑舍子救侄

No 1401092180001600064831

藏 山西博物院

原 S.5770

级 一级

类 雕塑、造像

代 金

cm 高 24，长 25，宽 8.5

源 1978 年山西省稷山县马村 4 号墓出土

入 2012 年

金 陶塑二十四孝之董永卖身葬父

No 1401092180001600065020

藏 山西博物院

原 S.5771

级 一级

类 雕塑、造像

代 金

cm 高 24.5，长 28，宽 6.5

源 1978 年山西省稷山县马村 4 号墓出土

入 2012 年

金 陶塑二十四孝之鲍出贼营救母

No 1401092180001600064896

藏 山西博物院

原 S.5772

级 一级

类 雕塑、造像

代 金

cm 高 27，长 24，宽 5

源 1978 年山西省稷山县马村 4 号墓出土

入 2012 年

金 陶塑二十四孝之田氏哭紫荆树

No 14010921800016000065142

藏 山西博物院

原 S.5773

级 一级

类 雕塑、造像

代 金

cm 高 24.5，长 28，宽 7

源 1978 年山西省稷山县马村 4 号墓出土

入 2012 年

金 陶塑二十四孝之丁兰刻木奉亲

No 1401092180001600065070

藏 山西博物院

原 S.5774

级 一级

类 雕塑、造像

代 金

cm 高 23，长 21，宽 5.5

源 1978 年山西省稷山县马村 4 号墓出土

入 2012 年

金 陶塑二十四孝之孟宗哭竹

No 14010921800016000065101

藏 山西博物院

原 S.5775

级 一级

类 雕塑、造像

代 金

cm 高 23.5，长 14.5，宽 5

源 1978 年山西省稷山县马村 4 号墓出土

入 2012 年

金 陶塑二十四孝之杨乙乞养双亲

No 14010921800016000065110

藏 山西博物院

原 S.5776

级 一级

类 雕塑、造像

代 金

cm 高 24，长 16.5，宽 4.5

源 1978 年山西省稷山县马村 4 号墓出土

入 2012 年

金 陶塑二十四孝之韩伯俞泣笞伤母

No 14010921800016000064834

藏 山西博物院

原 S.5777

级 一级

类 雕塑、造像

代 金

cm 高 24.5，长 21，宽 6.5

源 1978 年山西省稷山县马村 4 号墓出土

入 2012 年

金 陶塑二十四孝之崔孝芬事婶如母

No 1401092180001600064816

藏 山西博物院

原 S.5778

级 一级

类 雕塑、造像

代 金

cm 高 24.5，长 23，宽 5.5

源 1978 年山西省稷山县马村 4 号墓出土

入 2012 年

金 陶塑二十四孝之王武子妻割股奉亲

No 1401092180001600065075

藏 山西博物院

原 S.5779

级 一级

类 雕塑、造像

代 金

cm 高 24.5，长 19，宽 6.5

源 1978 年山西省稷山县马村 4 号墓出土

入 2012 年

金 陶塑二十四孝之原谷谏父

No 14010921800016000650 43

藏 山西博物院

原 S.5780

级 一级

类 雕塑、造像

代 金

cm 高 25，长 25，宽 3

源 1978 年山西省稷山县马村 4 号墓出土

入 2012 年

金 陶塑二十四孝之蔡母噬指痛心

No 1401092180001600065054
藏 山西博物院
原 S.5781
级 一级
类 雕塑、造像
代 金
cm 高 24.5，长 22.5，宽 6
源 1978 年山西省稷山县马村 4 号墓出土
入 2012 年

金 陶塑二十四孝之刘明达卖子孝父母

No 1401092180001600065023

藏 山西博物院

原 S.5782

级 一级

类 雕塑、造像

代 金

cm 高 25.5，长 25.5，宽 5

源 1978 年山西省稷山县马村 4 号墓出土

入 2012 年

金 陶塑二十四孝之陆绩怀橘遗亲

No 1401092180001600064836

藏 山西博物院

原 S.5783

级 一级

类 雕塑、造像

代 金

cm 高 26.5，长 24，宽 6.5

源 1978 年山西省稷山县马村 4 号墓出土

入 2012 年

金 彩绘装孤色陶俑

No 14010921800016000065273
藏 山西博物院
原 S.5809
级 一级
类 雕塑、造像
代 金
cm 高 20.5
源 1959 年山西省侯马市牛村董明墓出土
入 2012 年

金 彩绘副末色陶俑

No 1401092180001600065291
藏 山西博物院
原 S.5810
级 一级
类 雕塑、造像
代 金
cm 高 21.5
源 1959 年山西省侯马市牛村董明墓出土
入 2012 年

金 彩绘末泥色陶俑

No 1401092180001600065044
藏 山西博物院
原 S.5811
级 一级
类 雕塑、造像
代 金
cm 高 21.5
源 1959 年山西省侯马市牛村董明墓出土
入 2012 年

金 彩绘装旦色陶俑

No 1401092180001600065071

藏 山西博物院

原 S.5812

级 一级

类 雕塑、造像

代 金

cm 高 20

源 1959 年山西省侯马市牛村董明墓出土

入 2012 年

金 彩绘副净色陶俑

No 14010921800016000065139

藏 山西博物院

原 S.5813

级 一级

类 雕塑、造像

代 金

cm 高 19

源 1959 年山西省侯马市牛村董明墓出土

入 2012 年

金 砖雕八仙人物铁拐李

No 14010921800016000064838

藏 山西博物院

原 S.5784

级 一级

类 石器、石刻、砖瓦

代 金

cm 高 53.5，上宽 18，下宽 41.5，厚 7

源 1965 年山西省侯马市牛村 102 号墓出土

入 2012 年

金 砖雕八仙人物钟离权

No 14010921800016000064820

藏 山西博物院

原 S.5785

级 一级

类 石器、石刻、砖瓦

代 金

cm 高 52.3，上宽 17.2，下宽 43，厚 8

源 1965 年山西省侯马市牛村 102 号墓出土

入 2012 年

金 砖雕八仙人物吕洞宾

No 14010921800016000651l3

藏 山西博物院

原 S.5786

级 一级

类 石器、石刻、砖瓦

代 金

cm 高 54.2，上宽 17.8，下宽 42.8，厚 6.5

源 1965 年山西省侯马市牛村 102 号墓出土

入 2012 年

金 砖雕八仙人物蓝采和

No 14010921800016000065295

藏 山西博物院

原 S.5787

级 一级

类 石器、石刻、砖瓦

代 金

cm 高 54.3，上宽 17.2，下宽 43，厚 8

源 1965 年山西省侯马市牛村 102 号墓出土

入 2012 年

金 砖雕八仙人物韩湘子

No 1401092180001600065062

藏 山西博物院

原 S.5788

级 一级

类 石器、石刻、砖瓦

代 金

cm 高 51.5，上宽 19.2，下宽 42.5，厚 7

源 1965 年山西省侯马市牛村 102 号墓出土

入 2012 年

金 砖雕八仙人物张果老

No 14010921800016000064837

藏 山西博物院

原 S.5789

级 一级

类 石器、石刻、砖瓦

代 金

cm 高 53.5，上宽 18，下宽 41.5，厚 7

源 1965 年山西省侯马市牛村 102 号墓出土

入 2012 年

金 砖雕八仙人物曹国舅

No 14010921800016000652287

藏 山西博物院

原 S.5790

级 一级

类 石器、石刻、砖瓦

代 金

cm 高 54.4，上宽 17.8，下宽 43.5，厚 7.5

源 1965 年山西省侯马市牛村 102 号墓出土

入 2012 年

金 砖雕八仙人物徐神翁

No 1401092180001600065250

藏 山西博物院

原 S.5791

级 一级

类 石器、石刻、砖瓦

代 金

cm 高 53.2，上宽 17.2，下宽 42.5，厚 7

源 1965 年山西省侯马市牛村 102 号墓出土

入 2012 年

金 圆盾长矛蛮牌对战社火砖雕

No 1401092180001600064843

藏 山西博物院

原 S.5792

级 一级

类 石器、石刻、砖瓦

代 金

cm 长 39，宽 19，厚 5

源 1965 年山西省侯马市牛村 102 号墓出土

入 2012 年

金 蛮牌长矛对战社火砖雕

No 1401092180001600065122

藏 山西博物院

原 S.5793

级 一级

类 石器、石刻、砖瓦

代 金

cm 长 39，宽 19，厚 5

源 1965 年山西省侯马市牛村 102 号墓出土

入 2012 年

金 双旗对战社火砖雕

No 1401092180001600065266
藏 山西博物院
原 S.5794
级 一级
类 石器、石刻、砖瓦
代 金
cm 长 39，宽 19，厚 5
源 1965 年山西省侯马市牛村 102 号墓出土
入 2012 年

金 圆盾长矛棹刀战社火砖雕

No 14010921800016000651000

藏 山西博物院

原 S.5795

级 一级

类 石器、石刻、砖瓦

代 金

cm 长 39，宽 19，厚 5

源 1965 年山西省侯马市牛村 102 号墓出土

入 2012 年

金 仙童骑鹿砖雕

No 14010921800016001504321

藏 山西博物院

原 S.5796

级 一级

类 石器、石刻、砖瓦

代 金

cm 长 39，宽 19，厚 5

源 1965 年山西省侯马市牛村 102 号墓出土

入 2012 年

金 童戏蛮牌舞社火砖雕

No 14010921800016001504l0

藏 山西博物院

原 S.5797

级 一级

类 石器、石刻、砖瓦

代 金

cm 长 39，宽 19，厚 5

源 1965 年山西省侯马市牛村 102 号墓出土

入 2012 年

金 童戏乔夫人社火砖雕

No 1401092180001600065051

藏 山西博物院

原 S.5798

级 一级

类 石器、石刻、砖瓦

代 金

cm 长 39，宽 19，厚 5

源 1965 年山西省侯马市牛村 102 号墓出土

入 2012 年

金 童戏瓜田乐社火砖雕

No 1401092180001600065069
藏 山西博物院
原 S.5799
级 一级
类 石器、石刻、砖瓦
代 金
cm 长 39，宽 19，厚 5
源 1965 年山西省侯马市牛村 102 号墓出土
入 2012 年

金 童戏变阵子社火砖雕

No 1401092180001600065042

藏 山西博物院

原 S.5800

级 一级

类 石器、石刻、砖瓦

代 金

cm 长 39，宽 19，厚 5

源 1965 年山西省侯马市牛村 102 号墓出土

入 2012 年

金 童戏扑旗子社火砖雕

No 14010921800016000064841

藏 山西博物院

原 S.5801

级 一级

类 石器、石刻、砖瓦

代 金

cm 长 39，宽 19，厚 5

源 1965 年山西省侯马市牛村 102 号墓出土

入 2012 年

金 童戏蛮牌舞社火砖雕

No 1401092180001600150430

藏 山西博物院

原 S.5802

级 一级

类 石器、石刻、砖瓦

代 金

cm 长 39，宽 19，厚 5

源 1965 年山西省侯马市牛村 102 号墓出土

入 2012 年

金 莲生贵子砖雕

No 1401092180001600150411

藏 山西博物院

原 S.5803

级 一级

类 石器、石刻、砖瓦

代 金

cm 长 39，宽 19，厚 5

源 1965 年山西省侯马市牛村 102 号墓出土

入 2012 年

明 黄绿釉龙穿牡丹纹琉璃香炉

No 1401092180001610020680

藏 山西博物院

原 54.3.1044

级 一级

类 陶器

代 明

cm 通高 73，口径 53

源 1953 年山西省太原市文物馆移交

入 1954 年

明 黄绿釉堆塑龙穿牡丹纹琉璃瓮棺

No 1401092180001600135823

藏 山西博物院

原 59.B.1004

级 一级

类 陶器

代 明

cm 通高 132，口径 60，底径 60

源 1958 年山西省长治市东郊五马村出土

入 1959 年

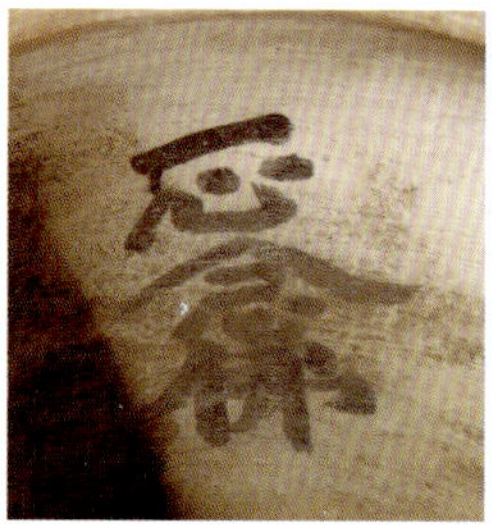

北齐 青绿釉莲瓣纹灯

No 1401092180001600135834
藏 山西博物院
原 S.5535
级 一级
类 瓷器
代 北齐
cm 通高 45.5，盏径 17，底径 19.5
源 1981 年山西省太原市王郭村娄睿墓出土
入 2010 年

北齐 黄绿釉贴花壶

No 1401092180001600135116

藏 山西博物院

原 S.5553

级 一级

类 瓷器

代 北齐

cm 通高 34.2，口径 15，底径 18.6

源 1981 年山西省太原市王郭村娄睿墓出土

入 2010 年

北齐 青绿釉堆塑宝相花龙柄凤首壶

- No 1401092180001600136841
- 藏 山西博物院
- 原 S.5532
- 级 一级
- 类 瓷器
- 代 北齐
- cm 通高 48、口径 11、底径 12.7
- 源 1981 年山西省太原市王郭村娄睿墓出土
- 入 2010 年

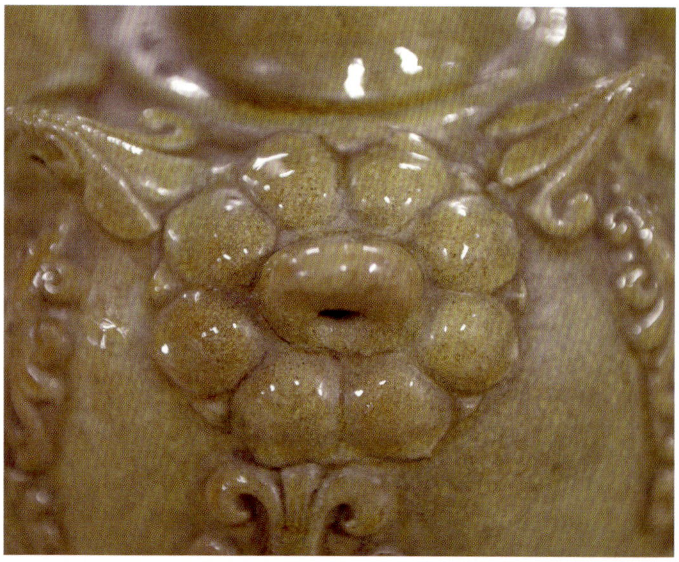

北齐 青绿釉龙柄鸡首壶

No 1401092180001600058924

藏 山西博物院

原 并 0708

级 一级

类 瓷器

代 北齐

cm 通高 46，口径 10.3，底径 10.1

源 1956 年山西省太原市小井峪 11 号墓出土

入 1959 年

北齐 青釉胡人驯狮纹扁壶

No 1401092180001600136632

藏 山西博物院

原 58.B.43

级 一级

类 瓷器

代 北齐

cm 高 28，腹宽 16.5，口径 5.5

源 1957 年山西省太原市玉门沟出土

入 1958 年

隋 白釉高足杯

No 14010921800016000088572

藏 山西博物院

原 S.7097

级 一级

类 瓷器

代 隋

cm 高 7.1，口径 7.7，底径 3.8

源 1980 年山西省太原市沙沟村斛律彻墓出土

入 2014 年

唐 白釉人首柄执壶

No 1401092180001600059553

藏 山西博物院

原 并 0899

级 一级

类 瓷器

代 唐

cm 高 31.2，口径 9.8×5，腹径 15，底径 7.7

源 1956 年山西省太原市石庄头村出土

入 1959 年

唐 白釉唾壶

No 14010921800016000058714

藏 山西博物院

原 并 0837

级 一级

类 瓷器

代 唐

cm 高 10，口径 15，底径 5.2

源 1956 年山西省太原市磷肥厂 24 号墓出土

入 1959 年

唐 绞胎瓷枕

No 14010921800016000058076

藏 山西博物院

原 S.5618

级 一级

类 瓷器

代 唐

cm 长 13.6，宽 8.2，高 7.5

源 1993 年山西省朔州市西站 5 号墓出土

入 2010 年

北宋 耀州窑青釉牡丹纹碗

No 14010921800016000057256

藏 山西博物院

原 S.4179

级 一级

类 瓷器

代 北宋

cm 高 8.2、口径 20.5、底径 5

源 1987 年山西省河曲县五花城村出土

入 1987 年

北宋 白釉刻花菊瓣纹盒

No 14010921800016000136626

藏 山西博物院

原 S.4750

级 一级

类 瓷器

代 北宋

cm 高 6.5，口径 13，底径 7.3

源 2001 年山西省太原市收购

入 2004 年

北宋 白釉镂空薰炉

- No 1401092180001600057974
- 藏 山西博物院
- 原 并 1900
- 级 一级
- 类 瓷器
- 代 北宋
- cm 高 11.6、口径 6.1、底径 4.4
- 源 1958 年山西省太原市金胜村出土
- 入 1959 年

北宋 白釉划花水波纹枕

№ 14010921800016000135828

藏 山西博物院

原 S.4729

级 一级

类 瓷器

代 北宋

cm 长 24.5，宽 22.5，高 11

源 2001 年山西省古建筑保护研究所五台佛光寺文管所移交

入 2004 年

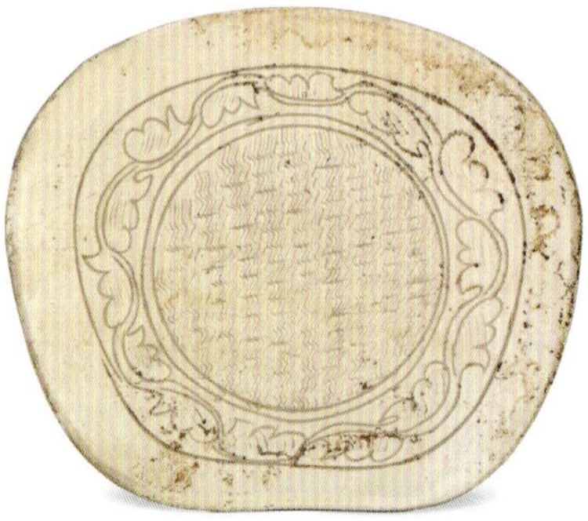

金 白釉刻花游鱼莲纹枕

No 140109218000160005 5846

藏 山西博物院

原 S.870

级 一级

类 瓷器

代 金泰和四年（1204）

cm 长 26，宽 23，高 13

源 1967 年山西省太原市马坡出土

入 1973 年

金 黑釉印花枕

No 14010921800016000 59979

藏 山西博物院

原 54.4.1382

级 一级

类 瓷器

代 金

cm 长 29，宽 25.5，高 15.5

源 1953 年山西省太原市文物馆移交

入 1954 年

金 黑釉花口碗

No 14010921800016000 58853

藏 山西博物院

原 中 0302

级 一级

类 瓷器

代 金

cm 高 8.2，口径 19.3，底径 5.7

源 1954 年山西省榆次市（今晋中市榆次区）猫儿岭出土

入 1959 年

金 耀州窑青釉双鸭水波纹碗

No 140109218000160006O659

藏 山西博物院

原 S.4178

级 一级

类 瓷器

代 金

cm 高 4.2，口径 18.1，底径 5.5

源 1987 年山西省河曲县五花城村出土

入 1987 年

金 黑釉油滴碗

No 14010921800016000062651

藏 山西博物院

原 S.5620

级 一级

类 瓷器

代 金

cm 高 4.3，口径 9，底径 2.8

源 1991 年山西省朔州市 42 号墓出土

入 2010 年

金 绞釉玉壶春瓶

No 14010921800016000061177

藏 山西博物院

原 S.5619

级 一级

类 瓷器

代 金

cm 高 18、口径 5.5、腹径 10.5、足径 2.8

源 1993 年山西省朔州曹沙会村 1 号墓出土

入 2010 年

金 黑釉剔花梅瓶

No 1401092180001600056544

藏 山西博物院

原 60.E.936

级 一级

类 瓷器

代 金

cm 高 29，口径 3.8，底径 7.3

源 1955 年山西省天镇县夏家沟出土

入 1960 年

金 黑釉剔花卷叶纹小口坛

No 1401092180001600060320

藏 山西博物院

原 60.E.937

级 一级

类 瓷器

代 金

cm 高 24，口径 5.4，底径 13.4

源 1955 年山西省天镇县夏家沟出土

入 1960 年

金 白釉褐彩牡丹纹盒

No 1401092180001600060389
藏 山西博物院
原 并 2101
级 一级
类 瓷器
代 金
cm 高 3.2、径 11.7
源 1958 年山西省太原市热电厂出土
入 1959 年

金 钧窑天青釉匜

No 1401092180001600058507

藏 山西博物院

原 S.2733

级 一级

类 瓷器

代 金

cm 高 5.8，口径 15，流长 7

源 1977 年山西省应县城关出土

入 1979 年

元 钧釉双耳三足炉

No 1401092180001600057756
藏 山西博物院
原 63.E.136
级 一级
类 瓷器
代 元
cm 通高 18.6，口径 14.6
源 1958 年山西省大同市冯道真墓出土
入 1963 年

元 青花缠枝牡丹罐

No 14010921800016000572 59

藏 山西博物院

原 54.4.1506

级 一级

类 瓷器

代 元

cm 高 28，口径 20.9，底径 20.4

源 1953 年山西省太原市文物馆移交

入 1953 年

元 黑釉铁锈花长颈瓶

No 1401092180001600057032
藏 山西博物院
原 S.3823
级 一级
类 瓷器
代 元
cm 高 28.5，口径 7.5，底径 7.8
源 1983 年山西省柳林县薛村出土
入 1983 年

明 青花缠枝莲花纹盘

No 140109218000160005621 3

藏 山西博物院

原 62.B.741

级 一级

类 瓷器

代 明

cm 高 7.9，口径 40.5，底径 26

源 1962 年北京故宫博物院调拨

入 1962 年

明 青花麒麟纹罐

No 14010921800016000594442
藏 山西博物院
原 62.B.287
级 一级
类 瓷器
代 明
cm 高 37、口径 18、底径 23
源 1962 年山西省太原市文物商店收购
入 1962 年

明 正德款黄釉碗

No 1401092180001600062316

藏 山西博物院

原 62.B.744

级 一级

类 瓷器

代 明

cm 高 8，口径 18.4，底径 7

源 1962 年北京故宫博物院调拨

入 1962 年

明 德化窑何朝宗款达摩坐像

No 1401092180001600059849

藏 山西博物院

原 58.B.140

级 一级

类 雕塑、造像

代 明

cm 高 33，底径 16

源 1958 年上海博物馆调拨

入 1958 年

新石器时代 线刻神面纹玉戚

No 1401092180001600060480

藏 山西博物院

原 64.B.11

级 一级

类 玉石器、宝石

代 新石器时代

cm 高 20.6，宽 13.1，厚 0.4

源 1964 年山西省黎城县后庄出土

入 1964 年

新石器时代 青玉戚

No 14010921800016100024199

藏 山西博物院

原 64.B.12

级 一级

类 玉石器、宝石

代 新石器时代

cm 长 17，宽 10

源 1964 年山西省黎城县后庄出土

入 1964 年

新石器时代 龙山文化玉兽面

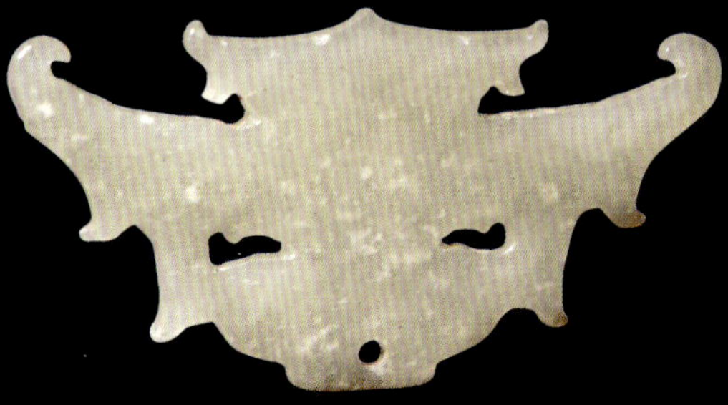

No 14010921800016000085921
藏 山西博物院
原 S.7243
级 一级
类 玉石器、宝石
代 新石器时代
cm 长 6.4、高 3.4、厚 0.4
源 2002 年山西省襄汾县陶寺遗址出土
入 2004 年

商 青玉人

No 14010921800016000058973
藏 山西博物院
原 S.5512
级 一级
类 雕塑、造像
代 商
cm 高 9.7、宽 5.3、厚 1.6
源 1993 年山西省曲沃县晋侯墓地 63 号墓出土
入 2009 年

商 玉熊

No 1401092180001600061258

藏 山西博物院

原 S.5518

级 一级

类 雕塑、造像

代 商

cm 高 5.1，宽 4.5，厚 1.5

源 1993 年山西省曲沃县晋侯墓地 63 号墓出土

入 2009 年

商 玉鹰

No 1401092180001600057728

藏 山西博物院

原 S.5516

级 一级

类 雕塑、造像

代 商

cm 高 10.3，宽 4.3，厚 1.4

源 1993 年山西省曲沃县晋侯墓地 63 号墓出土

入 2009 年

商 青玉鸮形饰

No 14010921800016000603335

藏 山西博物院

原 S.5522

级 一级

类 玉石器、宝石

代 商

cm 长 6.9，宽 3.8，厚 2.3

源 1993 年山西省曲沃县晋侯墓地 63 号墓出土

入 2009 年

西周 青玉涡纹罍

No 14010921800016100021528

藏 山西博物院

原 S.5510

级 一级

类 玉石器、宝石

代 西周

cm 高 6.5，口径 3.3，底径 3.5

源 1993 年山西省曲沃县晋侯墓地 63 号墓出土

入 2009 年

西周 人首神兽纹玉戈

- No 1401092180001600126993
- 藏 山西博物院
- 原 S.5504
- 级 一级
- 类 玉石器、宝石
- 代 西周
- cm 通长 36.2，宽 7，厚 0.6
- 源 1993 年山西省曲沃县晋侯墓地 63 号墓出土
- 入 2009 年

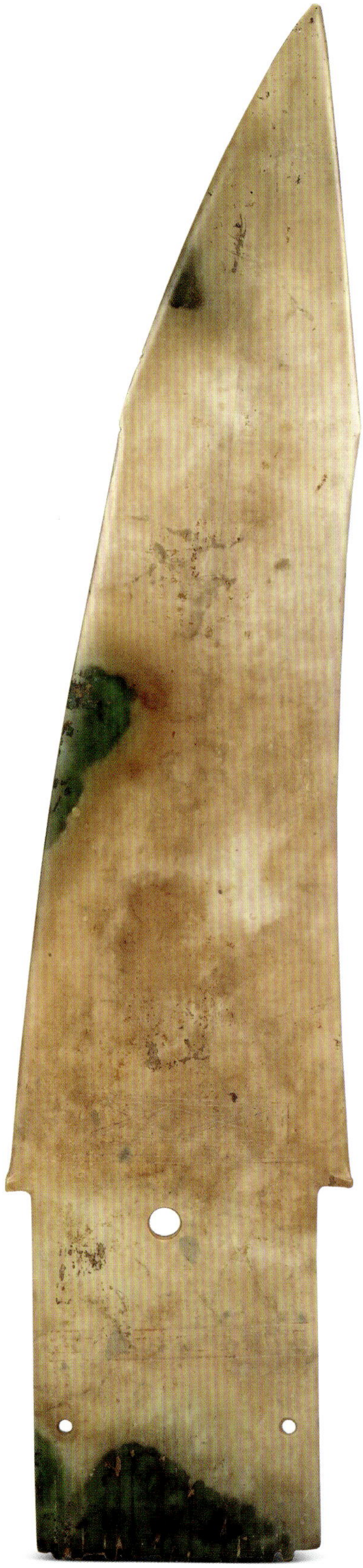

西周 菱格纹玉戈

No 1401092180001600127161

藏 山西博物院

原 S.5505

级 一级

类 玉石器、宝石

代 西周

cm 通长 54.4，宽 12，厚 0.4

源 1993 年山西省曲沃县晋侯墓地 63 号墓出土

入 2009 年

西周 鸟形柄玉戈

No 1401092180001600127155

藏 山西博物院

原 S.5506

级 一级

类 玉石器、宝石

代 西周

cm 通长 15.9，宽 2.3，厚 0.3

源 1993 年山西省曲沃县晋侯墓地 63 号墓出土

入 2009 年

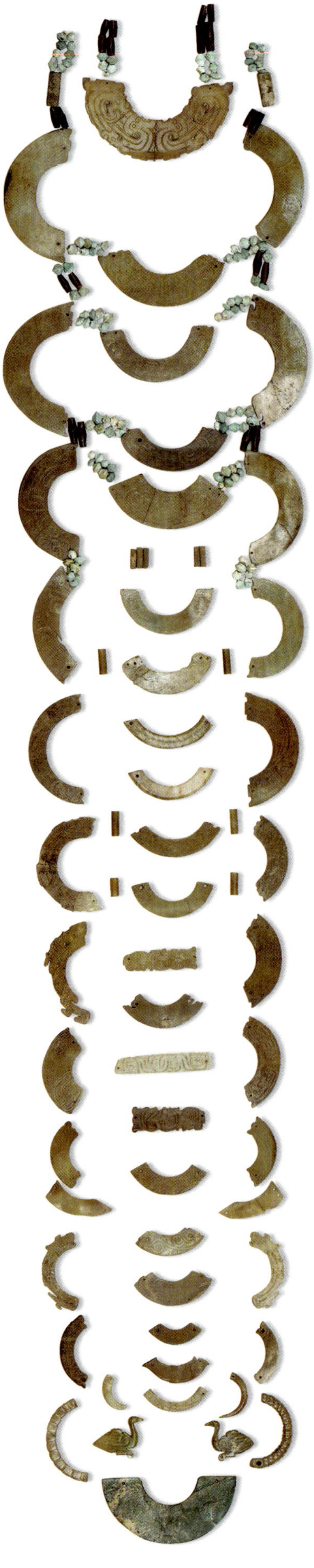

西周 玉组佩

No 14010921800016000127046

藏 山西博物院

原 S.5507

级 一级

类 玉石器、宝石

代 西周

cm 通长 200

源 1993 年山西省曲沃县晋侯墓地 63 号墓出土

入 2009 年

西周 玉牌联珠串饰

No 1401092180001600126994

藏 山西博物院

原 S.5493

级 一级

类 玉石器、宝石

代 西周

cm 通长 67

源 1992 年山西省曲沃县晋侯墓地 31 号墓出土

入 2009 年

西周 缀玉覆面

No 14010921800016000603 63

藏 山西博物院

原 S.5503

级 一级

类 玉石器、宝石

代 西周

cm 鼻长 8.5，宽 3.3

源 1993 年山西省曲沃县晋侯墓地 62 号墓出土

入 2009 年

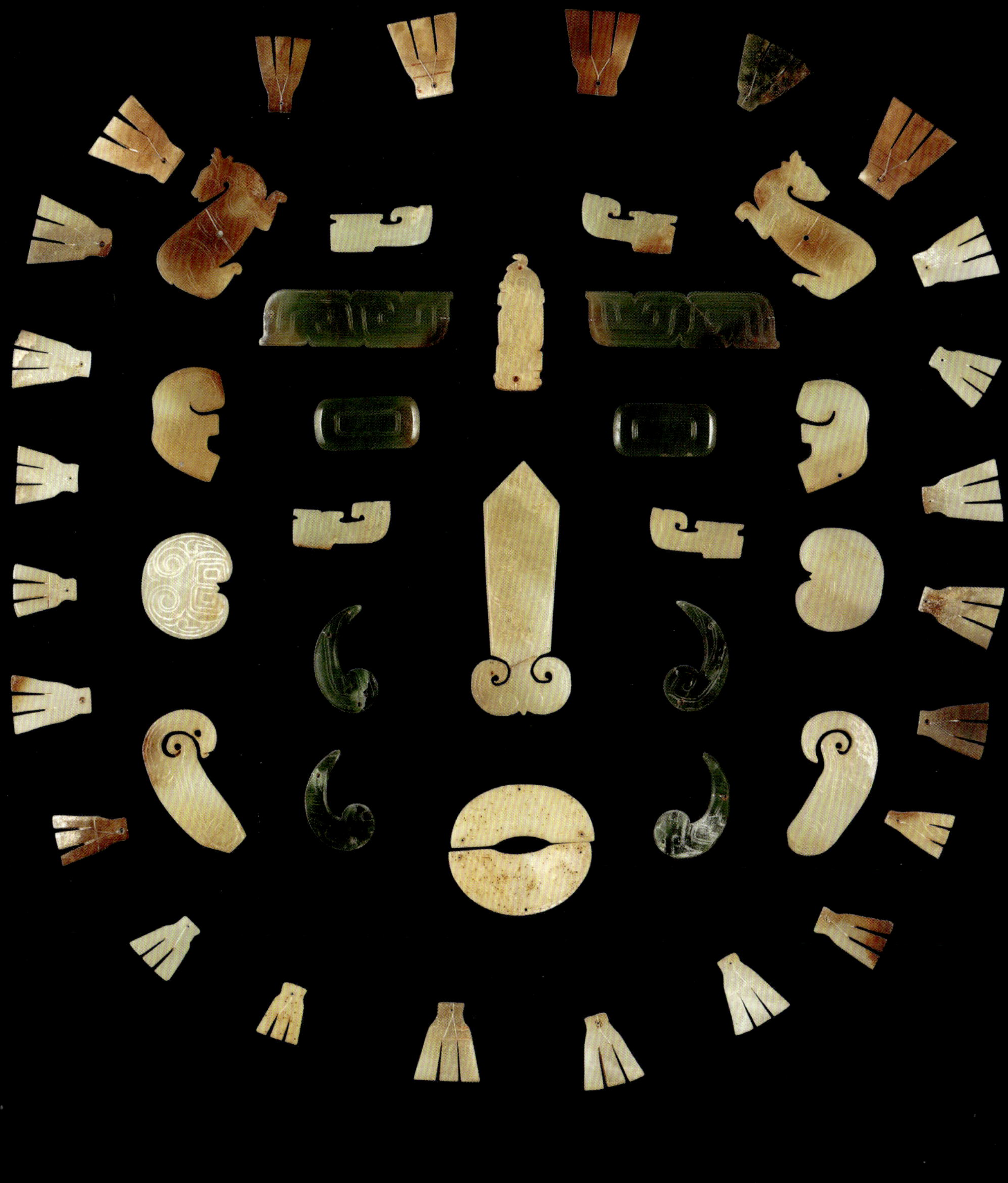

西周 玉马

No 1401092180001600057208

藏 山西博物院

原 S.5517

级 一级

类 玉石器、宝石

代 西周

cm 高 5、长 7.7、厚 1

源 1993 年山西省曲沃县晋侯墓地 63 号墓出土

入 2009 年

西周 龙纹冲牙

No 1401092180001600060985

藏 山西博物院

原 S.5508

级 一级

类 玉石器、宝石

代 西周

cm 长 7.8、宽 2、厚 0.3

源 1993 年山西省曲沃县晋侯墓地 63 号墓出土

入 2009 年

西周 玉鹿

Ⓝ 14010921800016000595555

藏 山西博物院

原 S.5519

级 一级

类 玉石器、宝石

代 西周

cm 高 8.3、宽 5.9、厚 0.3

源 1993 年山西省曲沃县晋侯墓地 63 号墓出土

入 2009 年

西周 玉人

Ⓝ 14010921800016000582207

藏 山西博物院

原 S.5514

级 一级

类 玉石器、宝石

代 西周

cm 高 9.3、宽 1.8、厚 0.4

源 1993 年山西省曲沃县晋侯墓地 63 号墓出土

入 2009 年

西周 龙人玉饰

No 14010921800016000058361

藏 山西博物院

原 S.5513

级 一级

类 玉石器、宝石

代 西周

cm 高 8.1，宽 3.1，厚 0.4

源 1993 年山西省曲沃县晋侯墓地 63 号墓出土

入 2009 年

西周 黄玉人

No 14010921800016000059895

藏 山西博物院

原 S.5515

级 一级

类 玉石器、宝石

代 西周

cm 高 6.3，宽 2，厚 0.4

源 1993 年山西省曲沃县晋侯墓地 63 号墓出土

入 2009 年

西周 龙纹玉环

No 1401092180001600061566

藏 山西博物院

原 S.5509

级 一级

类 玉石器、宝石

代 西周

cm 外径 15.6，内径 6.8，厚 0.7

源 1993 年山西省曲沃县晋侯墓地 63 号墓出土

入 2009 年

西周 玉鼓

No 1401092180001600057944
藏 山西博物院
原 S.5511
级 一级
类 玉石器、宝石
代 西周
cm 高 5.7，宽 6.2，厚 3
源 1993 年山西省曲沃县晋侯墓地 63 号墓出土
入 2009 年

西汉 螭纹玉剑璏

No 1401092180001600060854
藏 山西博物院
原 S.5582
级 一级
类 玉石器、宝石
代 西汉
cm 厚 2.2，长 4.7，宽 3.2
源 1983 年山西省朔州市平朔露天煤矿出土
入 2010 年

西汉 玉覆面

No 14010921800016000058575

藏 山西博物院

原 S.5576

级 一级

类 玉石器、宝石

代 西汉

cm 长 25，宽 20

源 1984 年山西省朔州市平朔露天煤矿出土

入 2010 年

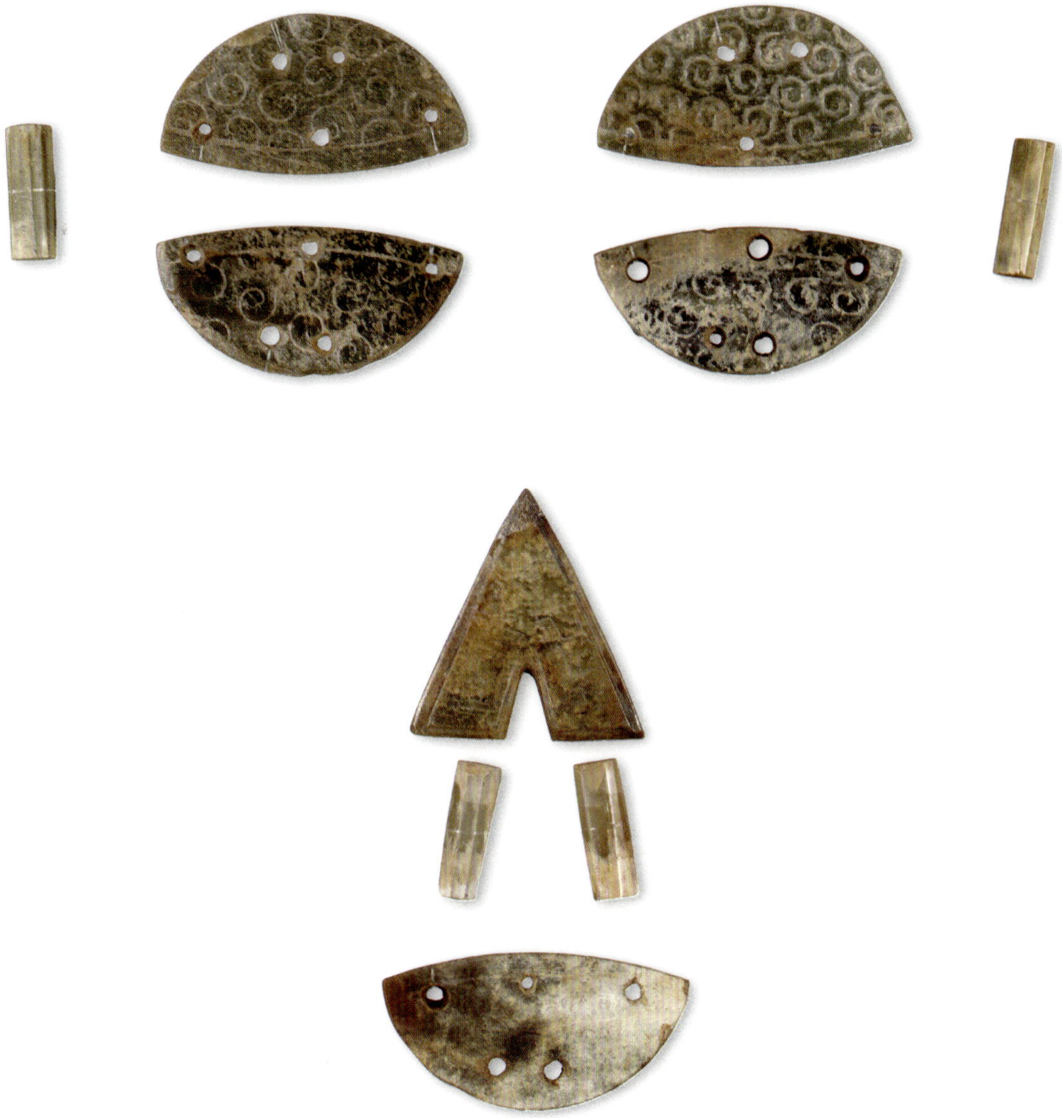

西汉 玉蝉

No 1401092180001600061801

藏 山西博物院

原 S.5577

级 一级

类 玉石器、宝石

代 西汉

cm 长 6，宽 3.1，厚 0.5

源 1984 年山西省朔州市平朔露天煤矿出土

入 2010 年

西汉 谷纹玻璃璧

No 1401092180001600147788
藏 山西博物院
原 S.5578
级 一级
类 玻璃器
代 西汉
cm 径 12，厚 0.3
源 1984 年山西省朔州市平朔露天煤矿 138 号墓出土
入 2010 年

西汉 青玉单耳杯

No 14010921800016100214 99

藏 山西博物院

原 S.5594

级 一级

类 玉石器、宝石

代 西汉

cm 长 10.5，宽 8.3，高 4.3

源 1982 年山西省朔州市照什八庄出土

入 2010 年

新石器时代 仰韶文化石镰

No 14010921800016000064374

藏 山西博物院

原 59.B.236

级 一级

类 石器、石刻、砖瓦

代 新石器时代

cm 长 17.5，宽 5

源 1956 年山西省太原市光社村出土

入 1959 年

新石器时代 齿刃石刮削器

No 14010921800016000136804

藏 山西博物院

原 63.E.132

级 一级

类 石器、石刻、砖瓦

代 新石器时代

cm 长 1.9，宽 0.6，厚 0.3

源 1952 年山西省大同市云冈出土

入 1963 年

新石器时代 石斧

No 14010921800016001351 23

藏 山西博物院

原 54.1.15

级 一级

类 石器、石刻、砖瓦

代 新石器时代

cm 长 27.5，宽 11，厚 5.7

源 1931 年山西省万泉县（今万荣县）荆村出土

入 1954 年

新石器时代 齿刃石刮削器

No 1401092180001600135118
藏 山西博物院
原 63.E.133
级 一级
类 石器、石刻、砖瓦
代 新石器时代
cm 长 2.5，宽 1.1，厚 0.1
源 1952 年山西省大同市云冈出土
入 1963 年

新石器时代 石核

No 1401092180001600136961
藏 山西博物院
原 63.E.134
级 一级
类 石器、石刻、砖瓦
代 新石器时代
cm 长 3.2，宽 2.8，厚 0.9
源 1952 年山西省大同市高山镇孟家湾采集
入 1963 年

新石器时代 石斧

No 1401092180001600136623

藏 山西博物院

原 59.B.289

级 一级

类 石器、石刻、砖瓦

代 新石器时代

cm 长 16.2，宽 8.5，厚 0.9

源 1953 年山西省太原市义井村出土

入 1959 年

新石器时代 石凿

No 1401092180001600136781
藏 山西博物院
原 59.B.789
级 一级
类 石器、石刻、砖瓦
代 新石器时代
cm 长 5，宽 1.9，厚 1.1
源 1957 年山西省文水县上贤村出土
入 1959 年

新石器时代 石锥

No 1401092180001600136800
藏 山西博物院
原 63.E.131
级 一级
类 石器、石刻、砖瓦
代 新石器时代
cm 长 3.2，宽 1，厚 0.2
源 1952 年山西省大同市云冈出土
入 1963 年

新石器时代 单孔石刀

No 14010921800016000136552

藏 山西博物院

原 60.E.302

级 一级

类 石器、石刻、砖瓦

代 新石器时代

cm 长 8、宽 5、厚 0.5

源 1953 年山西省太原市义井村出土

入 1960 年

汉 左元异墓画像石

No 14010621800019000000414

藏 山西博物院

原 54.7.155

级 一级

类 石器、石刻、砖瓦

代 汉

cm 长 136，宽 97

源 1951 年山西省离石县（今吕梁市离石区）马茂庄征集

入 1954 年

汉 左元异墓画像石

- No 14010621800019000004780
- 藏 山西博物院
- 原 54.7.156
- 级 一级
- 类 石器、石刻、砖瓦
- 代 汉
- cm 长 137.5，宽 95.5
- 源 1951 年山西省离石县马茂庄征集
- 入 1954 年

汉 左元异墓画像石

No 14010621800019000000430

藏 山西博物院

原 54.7.157

级 一级

类 石器、石刻、砖瓦

代 汉

cm 长 134.5，宽 89

源 1951 年山西省离石县（今吕梁市离石区）马茂庄征集

入 1954 年

汉 左元异墓画像石

- No 14010621800019000004I6
- 藏 山西博物院
- 原 54.7.158
- 级 一级
- 类 石器、石刻、砖瓦
- 代 汉
- cm 长 132，宽 84
- 源 1951 年山西省离石县（今吕梁市离石区）马茂庄征集
- 入 1954 年

汉 左元异墓画像石

No 14010621800019000000402

藏 山西博物院

原 54.7.159

级 一级

类 石器、石刻、砖瓦

代 汉

cm 长 135，宽 88

源 1951 年山西省离石县（今吕梁市离石区）马茂庄征集

入 1954 年

汉 左元异墓画像石

No 140106218000190000359

藏 山西博物院

原 54.7.160

级 一级

类 石器、石刻、砖瓦

代 汉

cm 长 137.5，宽 95

源 1951 年山西省离石县（今吕梁市离石区）马茂庄征集

入 1954 年

汉 左元异墓画像石

No 1401062180001900000382

藏 山西博物院

原 54.7.161

级 一级

类 石器、石刻、砖瓦

代 汉

cm 长 136，宽 33.2

源 1951 年山西省离石县（今吕梁市离石区）马茂庄征集

入 1954 年

汉 左元异墓画像石

No 1401062180001900000381

藏 山西博物院

原 54.7.162

级 一级

类 石器、石刻、砖瓦

代 汉

cm 长 141，宽 36

源 1951 年山西省离石县（今吕梁市离石区）马茂庄征集

入 1954 年

汉 左元异墓画像石

No 1401062180001900000379

藏 山西博物院

原 54.7.163

级 一级

类 石器、石刻、砖瓦

代 汉

cm 长 145，宽 36

源 1951 年山西省离石县（今吕梁市离石区）马茂庄征集

入 1954 年

汉 左元异墓画像石

No 1401062180001900000449

藏 山西博物院

原 54.7.164

级 一级

类 石器、石刻、砖瓦

代 汉

cm 长 102，宽 29.5

源 1951 年山西省离石县（今吕梁市离石区）马茂庄征集

入 1954 年

汉 圆雕石虎

No 14010621800019000000571

藏 山西博物院

原 57.7.48

级 一级

类 雕塑、造像

代 汉

cm 通高 68，长 137，宽 45

源 1957 年山西省安邑县（今运城市盐湖区）杜村征集

入 1957 年

北魏 毋邱氏造像碑

No 140106218000190000572

藏 山西博物院

原 54.7.237

级 一级

类 雕塑、造像

代 北魏

cm 通高 125，长 92.5，宽 15

源 1952 年山西省太原市傅公祠征集

入 1954 年

北魏 王黄罗等百余人造像碑

No 14010921800016000064787
藏 山西博物院
原 57.7.43
级 一级
类 雕塑、造像
代 北魏
cm 通高 182，长 83，宽 20
源 1957 年山西省高平县（今晋城市高平市）邢村石佛殿征集
入 1957 年

北魏 石雕蟠龙伎乐人物屏风柱础

No 14010921800016001361 76

藏 山西博物院

原 S.3682

级 一级

类 雕塑、造像

代 北魏

cm 高 15，长 32.5，宽 32.5

源 1966 年山西省大同市石家寨司马金龙墓出土

入 1979 年

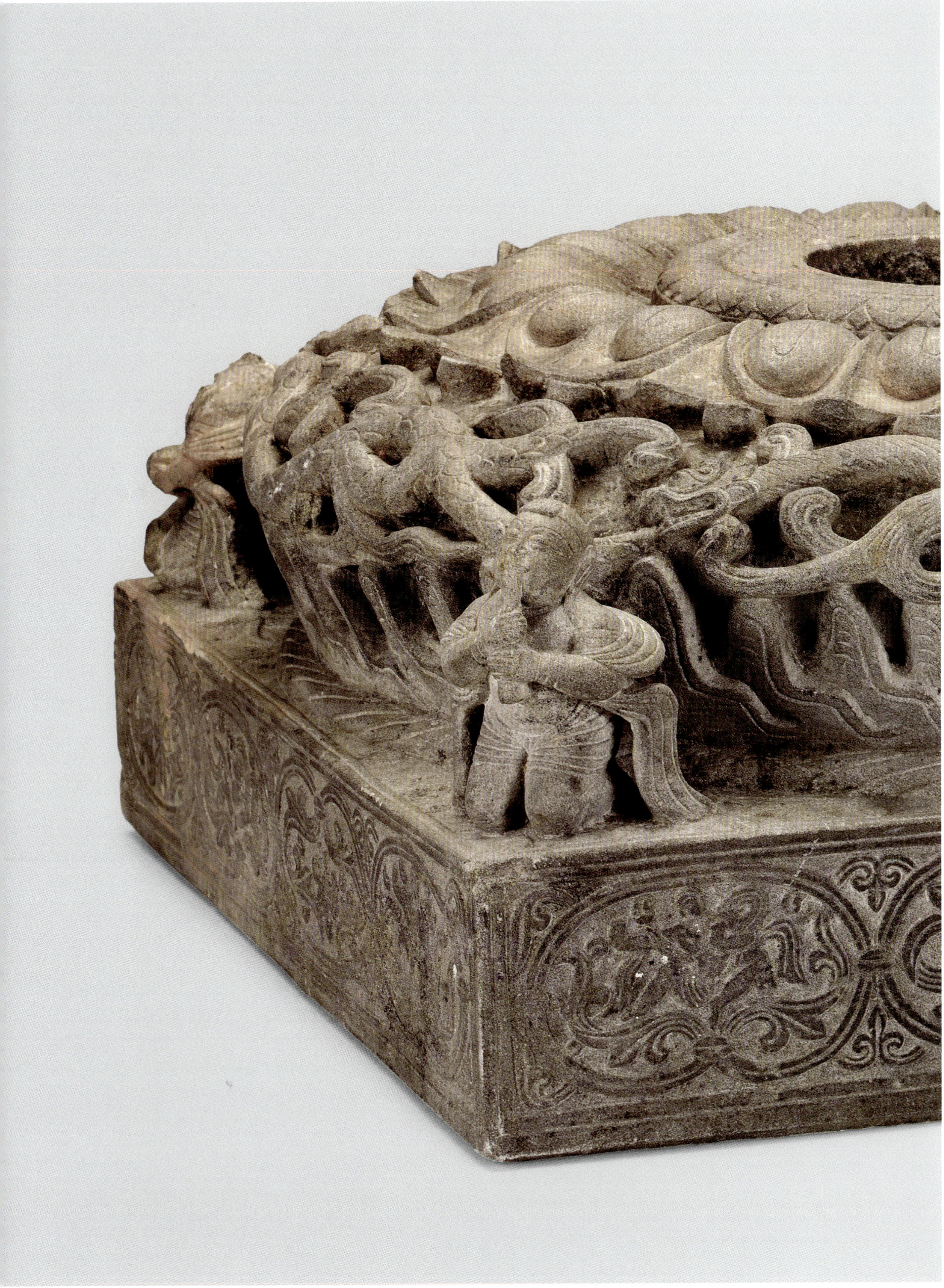

东魏 程哲造像碑

No 14010921800016000064777

藏 山西博物院

原 54.7.234

级 一级

类 雕塑、造像

代 东魏天平元年（534）

cm 通高 120，长 67，宽 26

源 1952 年山西省太原市傅公祠征集

入 1954 年

东魏 刘懿墓志

No 1401092180001600135768

藏 山西博物院

原 62.B.321

级 一级

类 石器、石刻、砖瓦

代 东魏兴和二年（540）

cm 长 63.5，宽 58.5

源 1962 年山西省忻县（今忻州市）征集

入 1962 年

东魏 比丘僧纂造释迦多宝造像碑

No 14010921800016000647 69

藏 山西博物院

原 57.7.34

级 一级

类 雕塑、造像

代 东魏武定二年（544）

cm 通高 118，长 38，宽 30

源 1957 年山西省新绛县樊村征集

入 1957 年

东魏 郭妙姿造释迦坐像

No 14010921800016000648OO

藏 山西博物院

原 60.E.693

级 一级

类 雕塑、造像

代 东魏武定三年（545）

cm 高 42，长 27，宽 12

源 1954 年山西省太原市华塔村出土

入 1960 年

西魏 昙灵等造释迦立像

- No 1401062180001900000260
- 藏 山西博物院
- 原 57.7.55
- 级 一级
- 类 雕塑、造像
- 代 西魏大统十四年（548）
- cm 通高 330
- 源 1957 年山西省猗氏县（今临猗县）孙里村征集
- 入 1957 年

东魏 石雕释迦立像

No 14010921800016000064778
藏 山西博物院
原 57.7.13
级 一级
类 雕塑、造像
代 东魏
cm 高 135，长 79，宽 24
源 1957 年山西省交城县王村慈氏寺征集
入 1957 年

北齐 韩裔墓志

No 14010621800019000000293
藏 山西博物院
原 S.1089
级 一级
类 石器、石刻、砖瓦
代 北齐天统三年（567）
cm 长 82，宽 82
源 1973 年山西省祁县白圭村韩裔墓出土
入 1973 年

北齐 石雕彩绘菩萨立像

No 140109218000160006501 1

藏 山西博物院

原 S.4727

级 一级

类 雕塑、造像

代 北齐

cm 通高 31.5，底座长 14，底座宽 8

源 2001 年山西省古建筑保护研究所五台佛光寺文管所移交

入 2004 年

北齐 石雕释迦立像

No 14010921800016000064283

藏 山西博物院

原 54.7.231

级 一级

类 雕塑、造像

代 北齐

cm 高 90，长 42，宽 20

源 1954 年山西省太原市大井峪开化寺征集

入 1954 年

北齐 石雕观音菩萨像龛

No 14010921800016000064788

藏 山西博物院

原 60.E.675

级 一级

类 雕塑、造像

代 北齐

cm 高 63，长 41，宽 17

源 1954 年山西省太原市华塔村出土

入 1960 年

北齐 石雕释迦说法像龛

No 1401092180001600150423

藏 山西博物院

原 60.E.676

级 一级

类 雕塑、造像

代 北齐

cm 高 46，长 25，宽 16

源 1954 年山西省太原市华塔村出土

入 1960 年

北齐 石雕接引佛立像

No 1401062180001900000288

藏 山西博物院

原 57.7.14

级 一级

类 雕塑、造像

代 北齐

cm 通高 308

源 1957 年山西省文水县冀周村广报寺征集

入 1957 年

北齐 张肃俗墓志

- No 1401092180001600136217
- 藏 山西博物院
- 原 55.E.1
- 级 一级
- 类 石器、石刻、砖瓦
- 代 北齐天保十年（559）
- cm 长 45.7，宽 46.2，高 8.5
- 源 1955 年山西省太原市张肃俗墓出土
- 入 1955 年

北周 陈海龙等四面造像碑

- No 14010921800016000064784
- 藏 山西博物院
- 原 57.7.39
- 级 一级
- 类 雕塑、造像
- 代 北周保定二年（562）
- cm 高 120，长 59，宽 17
- 源 1957 年山西省运城市征集
- 入 1957 年

北周 卫超王等四面造像碑

No 1401092180001600064770

藏 山西博物院

原 57.7.40

级 一级

类 雕塑、造像

代 北周保定二年（562）

cm 高 124，长 59，宽 24

源 1957 年山西省解虞县（今运城市盐湖区）征集

入 1957 年

北周 卫秦王等四面造像碑

No 14010921800016000064795

藏 山西博物院

原 57.7.49

级 一级

类 雕塑、造像

代 北周保定二年（562）

cm 高 130，长 48，宽 42

源 1957 年山西省解虞县（今运城市盐湖区）征集

入 1957 年

北周 昙响等七百人造像碑

No 1401062180001900000286

藏 山西博物院

原 58.B.223

级 一级

类 雕塑、造像

代 北周保定三年（563）

cm 通高 398，长 72，宽 29.8

源 1956 年山西省万荣县征集

入 1958 年

北周 曹恪碑

- No 140106218000190000258
- 藏 山西博物院
- 原 54.7.239
- 级 一级
- 类 石器、石刻、砖瓦
- 代 北周天和五年（570）
- cm 高 210，长 85，宽 29.5
- 源 1952 年山西省太原市傅公祠征集
- 入 1954 年

北周 石雕释迦立像

No 1401092180001600064766
藏 山西博物院
原 57.7.53
级 一级
类 雕塑、造像
代 北周
cm 高 168，长 56，宽 37
源 1956 年山西省万荣县征集
入 1957 年

北周 石雕释迦立像

No 1401062180001900000251

藏 山西博物院

原 S.3109

级 一级

类 雕塑、造像

代 北周

cm 高 450、宽 103、厚 76.5

源 1965 年山西省高平县（今晋城市高平市）征集

入 1979 年

北周　石雕菩萨立像

No 14010621800019000002922

藏 山西博物院

原 S.3110

级 一级

类 雕塑、造像

代 北周

cm 高 450，宽 143.5，厚 80.5

源 1965 年山西省高平县（今晋城市高平市）征集

入 1979 年

北周 圆雕石虎

No 1401092180001600119933

藏 山西博物院

原 63.B.1148

级 一级

类 雕塑、造像

代 北周

cm 通高 161、长 90、宽 51

源 1963 年山西省太原市大井峪征集

入 1963 年

北周 道贤等四面造像碑

No 1401062180001900000287
藏 山西博物院
原 57.7.42
级 一级
类 雕塑、造像
代 北周
cm 通高 214、底长 80、宽 35
源 1957 年山西省芮城县延庆寺征集
入 1957 年

北朝 石雕释迦立像

No 14010621800019000000387
藏 山西博物院
原 57.7.56
级 一级
类 雕塑、造像
代 北朝
cm 高 305，座长 85
源 1957 年山西省猗氏县（今临猗县）孙里村征集
入 1957 年

北朝 陵猛略四面造像碑

No 1401062180001900000573

藏 山西博物院

原 57.7.57

级 一级

类 雕塑、造像

代 北朝

cm 通高 158.5，长 89.5，宽 38

源 1957 年山西省永济县（今永济市）永乐镇石佛寺征集

入 1957 年

北朝 石雕卧羊

No 14010621800019000000268

藏 山西博物院

原 58.B.196

级 一级

类 雕塑、造像

代 北朝

cm 通高 133.5，长 98，宽 51

源 1957 年山西省太原市北堰村出土

入 1958 年

北朝 石雕卧羊

No 1401062180001900000266

藏 山西博物院

原 S.3111

级 一级

类 雕塑、造像

代 北朝

cm 高 145.5，长 99，宽 40

源 1979 年山西省太原市北堰村出土

入 1979 年

唐 智珉释迦造像碑

No 1401062180001900000285
藏 山西博物院
原 57.7.37
级 一级
类 雕塑、造像
代 唐武周垂拱二年（686）
cm 通高 207，长 69，宽 21
源 1957 年山西省安邑县（今运城市盐湖区）征集
入 1957 年

唐 石雕涅槃变造像碑

No 1401062180001900000295
藏 山西博物院
原 57.7.91
级 一级
类 雕塑、造像
代 唐武周天授二年（691）
cm 通高 302、宽 87、厚 25
源 1957 年山西省万荣县征集
入 1957 年

唐 段龙庆等十七人造像碑

No 1401062180001900000257
藏 山西博物院
原 57.7.38
级 一级
类 雕塑、造像
代 唐
cm 通高 190，长 78，宽 21.5
源 1957 年山西省安邑县（今运城市盐湖区）上段村征集
入 1957 年

唐 廉琮等造像碑

- No 14010621800019000002990
- 藏 山西博物院
- 原 57.7.36
- 级 一级
- 类 雕塑、造像
- 代 唐武周久视元年（700）
- cm 高 155.8，长 65
- 源 1957 年山西省万荣县征集
- 入 1957 年

唐 赵思礼造常阳天尊像

No 14010621800019000000247

藏 山西博物院

原 57.7.21

级 一级

类 雕塑、造像

代 唐开元七年（719）

cm 通高 256.6，底宽 107

源 1957 年山西省安邑县（今运城市盐湖区）中陈乡征集

入 1957 年

藏 山西博物院
原 57.7.19
级 一级
类 雕塑、造像
代 唐天宝四年（745）
cm 通高 158，底长 79，底宽 35
源 1957 年山西省稷山县李村征集
入 1957

唐 妬神颂碑

No 1401062180001900000266
藏 山西博物院
原 54.7.240
级 一级
类 石器、石刻、砖瓦
代 唐大历十一年（776）
cm 高 260，长 103，宽 19
源 1952 年山西省太原市傅公祠征集
入 1954 年

唐 石雕释迦坐像

No 1401092180001600064762

藏 山西博物院

原 57.7.16

级 一级

类 雕塑、造像

代 唐

cm 高 71，底长 45，底宽 45

源 1957 年山西省文水县西崖底石佛寺征集

入 1957 年

唐 石雕菩萨立像

No 1401092180001600064774

藏 山西博物院

原 57.7.25

级 一级

类 雕塑、造像

代 唐

cm 高 112、宽 52、厚 40

源 1957 年山西省太谷县白城村光化寺出土

入 1957 年

唐 石雕贴金彩绘菩萨立像

No 14010921800016000064797

藏 山西博物院

原 60.E.689

级 一级

类 雕塑、造像

代 唐

cm 高 62，长 18，宽 15

源 1954 年山西省太原市华塔村出土

入 1960 年

唐 石雕贴金彩绘释迦坐像

No 14010921800016000064793

藏 山西博物院

原 60.E.674

级 一级

类 雕塑、造像

代 唐

cm 高 46，长 19，宽 17

源 1954 年山西省太原市华塔村出土

入 1960 年

唐 石雕释迦头像

No 14010921800016000064783

藏 山西博物院

原 60.E.686

级 一级

类 雕塑、造像

代 唐

cm 高 33.5，长 24，宽 25

源 1954 年山西省太原市华塔村出土

入 1960 年

唐 石雕菩萨头像

No 1401092180001600136243
藏 山西博物院
原 60.E.694
级 一级
类 雕塑、造像
代 唐
cm 高 32、宽 22.5
源 1954 年山西省太原市华塔村出土
入 1960 年

唐 石雕菩萨立像

No 140109218000160006 4997

藏 山西博物院

原 S.4726

级 一级

类 雕塑、造像

代 唐

cm 高 45，底座长 21.5，底座宽 15

源 2001 年山西省古建筑保护研究所五台佛光寺文管所移交

入 2004 年

唐 石雕金刚立像

No 14010921800016000065262

藏 山西博物院

原 S.5567

级 一级

类 雕塑、造像

代 唐

cm 高 88，长 46，宽 28

源 2003 年山西省古建筑保护研究所五台佛光寺文管所移交

入 2010 年

唐 石雕彩绘文殊骑狮像

No 14010921800016000064822

藏 山西博物院

原 S.5568

级 一级

类 雕塑、造像

代 唐

cm 高 87，长 63，宽 45

源 2003 年山西省古建筑保护研究所五台佛光寺文管所移交

入 2010 年

唐 石雕释迦坐像

No 1401092180001600064825
藏 山西博物院
原 S.5569
级 一级
类 雕塑、造像
代 唐
cm 高 111，长 60，宽 37
源 2003 年山西省古建筑保护研究所五台佛光寺文管所移交
入 2010 年

唐 石雕阿难立像

No 14010921800016000065296

藏 山西博物院

原 S.5570

级 一级

类 雕塑、造像

代 唐

cm 高 88，长 27，宽 20

源 2003 年山西省古建筑保护研究所五台佛光寺文管所移交

入 2010 年

唐 石雕迦叶立像

No 14010921800016000064890

藏 山西博物院

原 S.5571

级 一级

类 雕塑、造像

代 唐

cm 高 85，底座长 29，底座宽 25

源 2005 年山西省古建筑保护研究所五台佛光寺文管所移交

入 2010 年

唐 石雕力士像

No 1401092180001600065121
藏 山西博物院
原 S.5572
级 一级
类 雕塑、造像
代 唐
cm 高 58，宽 28，厚 21
源 2003 年山西省古建筑保护研究所五台佛光寺文管所移交
入 2010 年

五代 石雕释迦坐像

No 14010921800016001354970

藏 山西博物院

原 57.7.8

级 一级

类 雕塑、造像

代 五代

cm 通高 68，底长 41，底宽 30

源 1957 年山西省盂县城南乡出土

入 1957 年

北宋 解氏造弥勒坐像

No 14010921800016000648O5

藏 山西博物院

原 58.B.219

级 一级

类 雕塑、造像

代 北宋宣和四年（1122）

cm 高 120，长 54，宽 41

源 1956年山西省万荣县征集

入 1958年

北宋 田子茂墓志

- No 1401062180001900000281
- 藏 山西博物院
- 原 北 0099
- 级 一级
- 类 石器、石刻、砖瓦
- 代 北宋政和六年（1116）
- cm 长 110、宽 80、厚 18
- 源 1957 年山西省忻县（今忻州市）豆罗村出土
- 入 1957 年

金 石雕菩萨头像

No 14010921800016000064767

藏 山西博物院

原 59.B.840

级 一级

类 雕塑、造像

代 金

cm 高 35，长 21，宽 17

源 1959 年山西省祁县西六支村惠安寺出土

入 1959 年